L. F.

Les fables d'Endymion

Livre premier

Recueil de fables

ISBN 978-2-9594877-0-5

Avant-propos

Enfilez votre tenue, équipez votre bouteille, vous vous apprêtez à plonger. Plonger dans la psyché de quelqu'un d'extraordinairement normal, se sentant pourtant tout à fait singulier.

Vous vous apprêtez à franchir le pas et à sauter dans les abysses insondables d'un esprit. Non pas celui d'un poète, d'un philosophe, ou encore d'un littéraire : celui d'un ingénieur. Un esprit forgé, non pas pour manier les mots, mais pour agencer les chiffres. Un esprit dont la créativité fut durant longtemps laissée sur le seuil de la cognition. Un esprit abreuvé de science et qui n'avait plus qu'une mission : résoudre des problèmes et répondre aux questions.

Seulement, que se passe-t-il lorsqu'une d'elle résiste ? Qu'une question vient, telle une goutte d'encre, troubler la surface d'un esprit autrefois paisible ? Que l'on se heurte à un mur que la pioche rationalité ne parvient pas à percer ?

Que se passe-t-il lorsque l'oracle ingénieur ne sais pas répondre ?

Eh bien, il s'obstine à retrouver ce calme d'antan, il recherche, et pourtant, le temps passe et les questions ne s'effacent guère.

Il constate rapidement que ses outils logiques ne lui seront pas ici d'une grande aide, et que les utiliser ne contribuera qu'à les émousser sur ces questions dont l'acier semble trempé. Il recherche ailleurs, des instruments qui, peut-être, pourront l'aider.

À la recherche de réponses, c'est dans le passé que j'ai commencé par creuser. À la grande table de mon esprit, j'ai convié de nombreux hommes et femmes : des sages, des philosophes, des poètes et bien d'autres encore. Tous n'ont pas su aider, mais tous m'ont appris.

Alors que cette quête semblait s'éterniser, une idée a émergé : « Peut-être qu'écrire pourrait m'aider ? ». Que comme à la plante le tuteur, ces lignes me guideraient.

Tandis que vous vous tenez sur le bord de votre voilier, prêt à entamer votre plongée, un frisson vous parcourt : « Avez-vous vraiment besoin de continuer ? ».

Si vos doigts ont su vous conduire à cette page, et votre esprit a su vous y guider, alors je pense que ces lignes vous sont destinées. Libre à vous de vous en détourner.

N'attendez rien de ce court livre, mais étonnez-vous de ce qu'il peut vous apporter. Contredites-le et contredites-vous, questionnez-le et questionnez-vous, plongez en moi et plongez en vous. Si ces lignes trouvent résonnances dans l'esprit diapason de quelques âmes, alors chaque seconde passée à les rédiger est amplement récompensée.

Vous sentez vos pieds rencontrer l'eau glacée, votre périple peut commencer…

Le héron et le renard

Un héron, posé sur un rocher, se tenait fièrement le regard vers l'horizon dirigé. Un renard de passage s'étonna de voir un groupe d'animaux s'adresser au héron comme à un grand sage. Il décida de s'approcher, effrayant dans la foulée tous les animaux, à l'exception du héron. Ce dernier s'exclama :

« - Je regrette que tu aies effrayé toutes ces âmes égarées. Ton arrivée était escomptée et je leur avais indiqué de ne pas s'éterniser.
- Il semble que tes connaissances soient illimitées, mais permets-moi de douter de ta capacité à prédire les destinées. Comment pouvais-tu présager mon arrivée ?
- Un sage ne partage pas ses secrets.
- Un sage se sachant sage en est-il encore un ?
- Un animal à ce point empreint de méfiance est-il apte à juger de ma compétence ?
- De ta compétence, je ne doute, mais en ton omniscience prétendue, je ne crois. Tu sembles surtout être doué pour annoncer la météo des jours passés. Ainsi, je te propose un défi.
- Je regrette, je n'ai rien à te prouver. Je peux en revanche répondre à tes questions, comme je le fais pour les autres animaux de la forêt.
- Si ton don est ce qu'il prétend être, ma requête ne devrait te poser aucun problème. »

Le héron attentif fixait toujours l'horizon.

« - Tu as toute mon attention.
- Formidable ! Ma question est la suivante : quelle est ta prochaine destination ?
- Cette interrogation ne fait pas même appel à mon don et ne me demande aucune réflexion. Soit… j'ai prévu de passer la soirée à conseiller les animaux proches de l'étang de la vallée. »

À peine eut-il terminé, que le renard se jeta sur le héron et le dévora. En terminant son repas, il se tourna vers les animaux qu'il avait fait fuir à son arrivé et qui, discrètement, observaient : « Le héron ne sut prédire sa propre fin, comment espérait-il présager de la vôtre ? »

Ainsi, les individus se drapant de connaissance sont souvent les plus ignorants.

La chenille et le papillon

Une chenille se trouvant sur une branche vit voler proche d'elle un magnifique papillon. Émerveillée, la chenille jeta dans le vent quelques paroles qui lui étaient destinées :

« - Oh papillon, toi qui en ce printemps resplendis, laisse-moi te dire que te voyant ainsi, je t'envie.

- Jeune chenille, laisse-moi te dire que te voyant vagabondant se faisant, je t'envie également.
- Comment se fait-ce que, malgré ton habilité à voler, tu en viennes à envier une jeune chenille, à peine assez agile pour se déplacer ?
- Mon moyen de voyager, je suis prêt à l'abandonner pour retrouver ce temps où encore j'en avais. Il se trouve que Damoclès et Kronos semblent avoir comploté, pour placer au-dessus de moi une épée, doublée d'un sablier. La vie ne me laisse en cette silhouette qu'un court instant pour étinceler. Chaque battement d'aile me rapproche du dernier. Et de ma vie entière passée à espérer, j'en viens à regretter chaque moment que je n'ai point pris le temps de savourer. Aussi, profite de ce que tu es aujourd'hui, au risque de ne jamais avoir l'occasion d'apprécier ce que tu seras demain. »

Épuisé, le papillon décida de se poser sur une fleur voisine pour se reposer. Il ferma les yeux et plus jamais ne trouva la force de les ouvrir à nouveau.

Ainsi, vivre dans l'expectative d'une situation future nous empêche d'exister.

Le chat et le chien

Après une course-poursuite effrénée, un chien se retrouva au pied d'un muret, tandis qu'un chat se trouvait en son sommet. Essoufflé, le chat entama la discussion, empli de fierté :

« - Tu n'avais aucune chance, pauvre canidé. De l'agressivité, l'agilité a toujours triomphé.

- Tu as gagné cette fois-ci, minet, mais n'oublie pas dans quel état je t'ai trouvé.
- Il n'y a pas de quoi se vanter. Alors même que tu m'as attaqué en traître, lorsque que je dormais, j'ai réussi à t'échapper.
- Et c'est ici que tu te trompes en réalité, si de cette course, tu ne vois que le reflet, laisse-moi te montrer de face la réalité. Car si je devais te conseiller, tu devrais tirer les enseignements qui t'ont ici sauvé.
- À défaut de savoir pourchasser, tu as piqué ma curiosité. Parles-tu donc de mon agilité ?
- Pas tout à fait. Si je ne m'abuse, depuis que le soleil s'est levé, tu n'as pas daigné te réveiller et la mort de près tu as frôlée. C'est ta vivacité qui t'a sauvé.
- En quoi ma vivacité peu t'importer ? Quand bien même la mort aurait frappé, sur mes neuf vies, je peux compter. Toi dont les années s'écoulent plus vite que n'importe quel sablier, tu ne jouis pas d'une telle liberté. Et sur moi, tu oses projeter, la peur de ton existence limitée.
- C'est ici que tu te trompes en vérité. Car dans cette course que tu viens de gagner, moi seul était au départ éveillé. Ce temps qui est pour moi limité, je le chéris et j'en tire profit. Chaque seconde compte, et quand bien même cette chasse ne fut guère couronnée de succès, elle m'a amusé.
- Cabot, du bas du mur, tu te complais dans ta finitude, blâmant ceux qui peuvent jouir de l'éternité. Cesse donc de m'importuner et retourne jouer à faire semblant d'exister.

- De l'éternité tu ne disposes point. Et de tes neuf vies, tu en passeras huit à somnoler. Ainsi, bien que nos existences soient de durées disproportionnées, mon autobiographie sera assurément plus chargée. Et quand la mort viendra frapper, que ton heure sera arrivée, que tu repenseras à tout ce temps passé, tu te demanderas : "Mais qu'en ai-je fait ? Comment ai-je pu à ce point le gaspiller ?" Tu regarderas une dernière fois en arrière et ce dernier sentiment que la vie te permettra d'éprouver laissera en toi un amer goût d'inachevé. »

Ainsi, la quantité de temps à notre disposition importe bien moins que la manière dont nous l'utilisons.

Les escargots et le moineau

Un moineau vint par hasard à se poser sur une branche, proche de deux escargots juxtaposés. Il comprit bien vite que sa présence venait d'interrompre leurs arguties. Se sentant de trop, il reprit son vol et se posa discrètement sur une branche de bouleau. Assez loin pour être discret, mais assez proche pour entendre les escargots comploter. Les escargots reprirent de plus belle :

« - Pour qui se prend ce moineau à nous narguer ainsi ?
- J'allais le dire ! Si je possédais des ailes, j'en ferais quelque chose d'utile, contrairement à lui. »

Le moineau revint se poser sur la branche et, comme la première fois, un mutisme s'en suivit. Il s'adressa alors aux escargots : « Malheureusement pour vous, en plus d'ailes, la nature m'a fait don d'une ouïe saillante. ».

Les escargots se regardèrent et, se sachant en danger, s'enfoncèrent tout au fond de leur coquille respective. Le moineau repris :

« - N'ayez crainte, je ne vous ferai aucun mal, il semble que vous soyez assez doués pour vous en charger seul.
- Comment cela ?
- Vous pensez me nuire ou me blesser en m'adressant des paroles acérées, et pourtant, ces mots tranchants n'ont vocation qu'à vous mutiler. En entraînant votre esprit à critiquer autrui, c'est votre bassesse que vous soulignez. Vous vivez une vie de torture, et vous êtes vos propres geôliers, vous qui excellez dans l'art de souligner ce qui vous fait défaut. Votre bave acide ne s'éloigne que peu de vous, elle emplit l'océan de vilité dans lequel vous baignez, et vous finirez par vous noyer. »

Le moineau marqua une pause. Il prit un escargot dans son bec et s'envola dans le ciel.

« Regarde ce à quoi ton esprit a renoncé, en cédant à la lourde mesquinerie. Bien que nous ne soyons pas identiques, ton esprit, comme le mien, est alourdi : naturellement soumis à une gravité, nous conduisant éperdument vers la petitesse de l'âme. Il est de ta responsabilité de l'élever, de souffler de toutes tes forces pour lui permettre d'atteindre des sommets. Peu importe que tu sois escargot ou moineau, ton esprit choisit ce qu'il est. Et de l'escargot, tu as l'esprit, tandis que de l'aigle tu pourrais tirer profit. »

Le moineau revint sur la branche d'où il était parti et reposa délicatement l'escargot, toujours caché au fond de sa coquille, avant de s'envoler vers d'autres contrées.

Ainsi, ceux dont les paroles sont les plus affutées, sont souvent ceux dont les moyens de nuire sont les plus désuets. De plus, lorsque de la critique pure vous serez tenté d'user, souvenez-vous que vous seul serez lésé.

L'huître et le bernard-l'ermite

Un bernard-l'ermite était à la recherche d'une nouvelle coquille qui pourrait devenir sienne. Au détour d'un rocher, il fut ébloui par une coquille que la mer venait de charrier. Une huître se tenait à côté et commença à parler : « Mes salutations, âme vagabonde ! ». Le bernard-l'ermite, trop obnubilé par cette trouvaille inespérée, ne répondit point. L'huître continua :

« - Tu sembles avoir trouvé chaussure à ton pied.
- Et comment ! Regarde cette magnifique coquille que la mer m'a donnée.
- Elle est splendide, je te l'accorde, mais que feras-tu de celle que tu portes sur le dos et qui fut ton refuge, ta maison ?
- Je m'en débarrasserai, sans hésitation !
- Est-ce car cette coquille t'a fait défaut ? N'a su t'accompagner ? A fauté dans son rôle de cocon familier ?
- Non, elle possédait les qualités que tu viens de citer.
- Et pourtant, tu es prêt à l'abandonner pour une toute nouvelle propriété. »

Le bernard-l'ermite continua la discussion en quittant sa coquille d'origine pour rejoindre la nouvelle.

« - En effet, cette nouvelle coquille me convient mieux. Que sais-tu du changement, huître moralisatrice ? De ton rocher, jamais tu n'as bougé. Le paysage pour toi demeurera à jamais inchangé. Est-ce par jalousie que tu es empreint de mépris ?
- Je t'arrête, mon ami, aucun mépris ne se hisse de mes mots. En outre, tu as raison. Du changement, je suis ignorant et du constant, je suis savant. En cette qualité, je déplore que tu ne puisses t'attacher, ne serait-ce que quelque temps, à quelque chose de familier.
- La nature ne m'a pas gâté. Sans coquille, je suis né. C'est le changement qui m'a permis de subsister.

- Comme tu le soulignes, la nature ne t'a pas doté d'une coquille lorsque, dans ce monde, tu es arrivé. Pourtant, c'est une qualité que tu sembles ignorer. En t'ôtant de bouclier, elle t'a laissé le pouvoir de décider duquel tu souhaitais te draper. Et maintenant que tu es adulte, que tu portes des vêtements qui semblent t'aller, quel est ton intérêt à continuer d'entretenir ce comportement : cette obsession pour le changement ? »

Le bernard-l'ermite termina de prendre quartier dans sa nouvelle coquille. Mais lorsque ce dernier essaya de bouger, il se retrouva écrasé sous le poids de cette dernière. Cloué au sol, il ne pouvait plus bouger.

« - Huître, je t'implore, aide-moi !
- Même si je le voulais, je ne le pourrais. Regarde-moi, sais-tu encore discerner ce qui est de moi et de ce rocher ? Nous avons presque fusionné, et de cette vie, j'ai su me contenter.
- Je ne veux pas devenir comme toi !
- Et pourtant, c'est la plus belle chose qui pourrait t'arriver. Cette coquille que la nature t'a donnée, n'était pas abri de passage, mais demeure d'éternité. Te libérer de cette perpétuelle quête de changement, en voilà un inattendu bouleversement. Finalement, je te le concède, cette coquille est bien plus adaptée que celle que tu as abandonnée. »

Ainsi, il faut savoir se satisfaire de ce que l'on a et éviter de courir éperdument vers ce qui nous fait défaut.

L'aigle et le dahu

Un aigle survolait la montagne lorsqu'il aperçut proche du sommet un animal monter. En s'approchant, il distingua ce qui, à un dahu, ressemblait. Il s'adressa à lui, inquiet :

« - Attention, du sommet, tu sembles dangereusement te rapprocher !

- Impossible, de cette montagne, jamais je n'attendrai le sommet, celui-ci est bien trop éloigné. Depuis des années, je ne fais que grimper et jamais je n'ai eu l'impression de m'en rapprocher. Mon corps, aujourd'hui, est parfaitement moulé par les formes escarpées de ces rochers. »

Ignorant les avertissements de l'aigle, le dahu continua et fut finalement contraint de s'arrêter au sommet, désabusé.

L'aigle repris : « Ignorer la réalité ne la fait guère changer. Durant toute ta vie, tu n'as fait que monter et de toutes les autres options, tu t'es privé. Te voilà aujourd'hui arrivé au sommet, dans un corps ne te permettant plus ailleurs d'avancer. Félicitations, ta propre tombe tu as creusé, j'espère que la vue te plaît tout à fait. »

Ainsi, l'ouverture au changement est pourfendeur de l'enfermement.

Le muet merleau et l'araignée

Une araignée, ayant décidé de tisser sa toile dans un laurier, découvrit un jour un couple de merle sur son palier. Enchantée, elle alla les saluer. Ravi de l'endroit qu'ils avaient trouvé, le couple de merle décida de s'y installer. De leur union, deux œufs furent choyés. Malheureusement, la nature décida de brutalement mettre un terme à cette idylle, et d'un violent revers de la main, du couple, il n'en resta qu'un. Terrassé par le décès de sa bien-aimée, le père, dans sa quête de nourriture, fut distrait et ne vit pas le chat qui se cachait.

Comprenant que le père ne reviendrait point, l'araignée, inquiète pour les futurs orphelins, décida, à défaut de couver, d'envelopper les œufs d'une toile pour les réchauffer.

Après plusieurs jours, des deux œufs, un seul commença à bouger. L'araignée, attentive, regarda l'oisillon se démener, contre son enclave protectrice désormais trop serrée. Deux petits yeux finirent par croiser, les huit de l'araignée.

Promis à une funeste destinée, l'araignée se rapprocha et au merle s'adressa :

« De tes parents, la vie t'a privé. Mais ce n'est pas cette perte que tu dois pleurer. Ce qui te manquera dans ce monde, c'est d'avoir été éduqué. C'est dans mes toiles que je sais m'exprimer, et ton espèce a choisi la langue pour sublimer sa pensée. À survivre, je t'apprendrai, mais incapable je serai de t'apprendre à chanter. Ainsi choisi, si de cette vie, tu décides d'en payer le prix, ou bien si le poids de l'absence d'expression justifie que je t'injecte mon mortel poison. »

L'oisillon, bouleversé, pris le temps de réfléchir à sa destinée. Il regarda le second œuf et il comprit que jamais il n'éclorait. Il jeta un dernier regard à l'araignée, et ne voulant pas lui infliger la peine de le tuer, marcha jusqu'au bord du nid et se laissa tomber.

L'araignée, en deuil, retourna sur sa toile argentée et se consola en adressant à l'oisillon une dernière pensée : « Dans ta courte vie, tu auras au moins eu la sensation de voler… »

Ainsi, s'exprimer par un quelconque biais est l'une des plus importantes nécessités.

La fourmi et le criquet

Une fourmi de sa colonie partit, à la recherche de vivres. Dans sa quête, elle grimpa en haut d'un tilleul et, au détour d'une branche, une bourrasque la fit tomber. Un peu sonnée, entièrement désorientée et complètement déboussolée, la fourmi ne sut plus où elle se trouvait. Elle regarda autour d'elle et tomba nez à nez avec un criquet. La fourmi engagea la discussion :

« - Bonjour ainé criquet, de cet arbre triomphant le vent m'a fait chuter et me voilà ici tout esseulée. Saurais-tu m'indiquer le chemin de mon commun terrier ?

- Bonjour jeune ouvrière, du chemin vers tes frères, je suis ignorant. Mais de ce séjour dans les airs, tu devrais te satisfaire.
- Les sensations furent fortes et indéniablement, cet instantané restera gravé dans ma mémoire de jeune fourmi apeurée.
- Tu ne sembles pas avoir bien écouté. C'est de la destination et non du chemin dont je faisais mention.
- Je ne sais pas même où je me trouve, comment pourrais-je me satisfaire de cette affaire ?
- C'est là tout le propos. Pour tes amis, tu as disparu et de tes obligations, tu es désormais exemptée. Libre à toi d'écrire ta propre destinée.
- Ce n'est pas ce que je veux. Je veux rentrer. Et quand bien même je le voudrais : rester dans cette inconnue tranchée, je serais bien incapable de me débrouiller sans l'aide de mes coéquipiers.
- Le voici donc ton boulet. Cette chaîne, que jusque dans ta chute, tu as traînée. Cette idée que, sans les autres, tu ne saurais subsister. Regarde-moi, criquet isolé. De ma naissance à ce jour, jamais je ne fus accompagné et sur moi seul, j'ai appris à compter. Ainsi, lorsque j'aurai trouvé un comparse avec qui chanter, je le ferai par choix et non par nécessité. Brise les chaînes qui te retiennent attachées à cette société dans laquelle tu es née et retournes-y lorsque tu leur auras montré que, sans eux, tu as su subsister.

> Ne sait-on jamais, peut-être en messie, tu seras accueilli : icône d'une vie en périphérie. En voici une, une belle destinée à laquelle aspirer. »

Ainsi, il faut savoir apprécier la solitude pour pouvoir choisir ses compagnons par envie et non par nécessité.

Le zèbre albinos

Un beau jour, dans un troupeau de zèbres naquit un zèbre albinos. Surpris de découvrir qu'un des leurs ne semblait pas en être un. Le troupeau se questionna sur l'avenir de ce jeune mammifère, dont les premières respirations étaient teintées d'un soupçon d'incompréhension. Ils décidèrent de le garder, mais de toujours se méfier, n'étant pas certains de l'espèce à laquelle il appartenait.

Bien plus tard, à sa majorité, le zèbre décida de parler au troupeau qui l'avait depuis toujours mis de côté. Voici les mots qui leur furent adressés :

« "Vous ne m'attendiez pas, et pourtant me voici."

Ces mots sont ceux que je me suis répété étant plus jeune. Incapable de comprendre pourquoi une absence de pigment justifiait une différence de traitement.

Et en dépit de cela, je tenais à vous remercier. Car oui, bien que certains semblent étonnés, votre différence de traitement m'a rendu divergent. Mon apparence immaculée a fini par déteindre sur ma psyché. Et force est de constater que ce trait ne peut être considéré que comme qualité.

À force d'être mis à l'écart, de faire exister ma différence, j'ai appris à l'aimer et à la cultiver. Loin de vous, dans la solitude, mon esprit s'est forgé, et pour cela, je ne pourrai jamais assez vous remercier.

Pour finir, rassurez-vous, votre vœu est désormais exaucé, je vais quitter ce troupeau qui ne peut malheureusement rien m'apporter. Pour me diriger vers de nouveaux horizons dont votre conformisme vous tiendra à jamais éloignés. »

Le zèbre albinos s'en alla, et durant les décennies qui suivirent, tout le monde ne parla que de lui.

Ainsi, il faut cultiver sa singularité et non la cacher.

La luciole

Une jeune luciole était effrayée à l'idée de voler seule dans l'obscurité. Contrairement à ses sœurs, elle décida de voler uniquement durant les heures où le soleil encore brillait.

Un soir, alors que fermant ses paupières, elle rejoignait paisiblement Morphée, elle se retrouva seule, immergée dans le noir complet. Elle fut terrorisée de voir devant ses yeux ses craintes se matérialiser. Tout à coup, des abysses, une voix rauque et profonde s'éleva :

« - N'aie crainte, je ne te veux aucun mal.
- Qui êtes-vous ?
- Tu peux me tutoyer, car je te suis familier. Je suis ce que tu crains depuis toujours. Je suis ce que tu évites depuis que tu es toute petite. Je suis la nuit.
- Pourquoi me poursuis-tu jusque dans mon onirique tanière ?
- Je veux te rassurer. Je veux abolir cette anxiété. Je veux te comprendre et changer ce regard. Pourquoi nourrir une telle inquiétude à mon égard ?
- Dans cette immensité, j'ai le sentiment de me noyer. Dans cette obscurité, j'ai l'impression de me perdre à tout jamais. Dans ce silence écrasant, j'ai peur que personne ne m'entende.
- Et pourtant, ce vide, il t'est destiné. Sa beauté réside dans le fait que l'on puisse y mettre tout ce que l'on peut imaginer. Ton espèce a su, depuis toujours, magnifiquement le combler. Peintre de lumière, ces mots te sont dédiés : je suis la toile sur laquelle tu peux t'exprimer. Ne me crains pas, exprime-toi à travers moi. Et cette peur du vide que tu nourrissais autrefois, pour toujours, elle disparaîtra. »

La luciole se réveilla au beau milieu de la nuit, étonnamment calme. Ses craintes lui dictaient de se rendormir, et pourtant elle ne le fit point. Elle regarda longuement le ciel étoilé et la lune qui semblait lui adresser un sourire familier.

Après quelques minutes, comme un signe, une étoile filante vint illuminer la Voie lactée. Inspirée par la beauté de ce coup de pinceau céleste, elle s'envola et aux étoiles, vint ajouter sa clarté.

Ainsi, le vide n'est pas à craindre, mais à remplir de ce que nous souhaitons y voir pousser.

Le paon et le corbeau

Un paon dans une mare se regardait, complexant sur les couleurs dont la nature l'avait doté. Ses plumes n'étaient pas d'aspect ordinaire et vers le rouge son teint tendait. Un corbeau posé, sur une branche voisine, le regardait, intrigué de ne le voir point bouger. Il finit par rompre le silence et au paon s'adresser :

« - Paon solitaire, qu'attends-tu pour rejoindre tes congénères ?

- Je ne le peux, que vont-ils penser de mes couleurs ? Vont-ils même me reconnaître comme l'un des leurs ?
- Avant que tu ne le soulignes, je ne l'avais pas même remarqué. Ne penses-tu pas que cette fixette est futilement exagérée.
- Et pourtant, c'est de la remarque d'un de mes frères que ce complexe est né. Preuve que la discrétion dont tu faisais mention n'est qu'illusion.
- Paon esseulé, parfois, du regard des autres il faut apprendre à se libérer.
- Tu le sais, cet adage est plus facile à énoncer qu'à appliquer.
- Et pourtant, j'ai dû y arriver. De noir complet je suis depuis mon premier jour habillé, et le mauvais présage m'a toujours précédé. Durant des années, j'ai été associé à tout ce qui de pire pouvait arriver, en outre j'ai pour cela été persécuté. Malgré tout, j'ai dû continuer à exister. Et je dois confesser qu'en m'émancipant du regard de ceux qui me jugeait, une certaine sérénité est née. Va donc voir tes contemporains et brille de tes plumes enflammées, fait de ta différence une fierté. »

Ainsi, ce qui est indépendant de notre volonté ne devrait que peu nous affecter.

Les petites chouettes

Deux petites chouettes, un frère et une sœur, vivaient dans un nid tout en haut d'une bergerie. Depuis plusieurs semaines, désormais, leurs yeux s'étaient ouverts pour contempler le monde dans lequel, dorénavant, ils vivaient.

Plus le temps passait et plus l'envie de voler, en eux, s'élevait. Tous deux se mirent à s'entraîner, pour le grand jour qui, bientôt, allait se présenter. Le frère décida d'étudier la manière dont ses ailes allaient lui permettre de voler. Échangeant avec d'autres oiselets, étudiant la physique et prenant note de tous les courants d'air qu'il observait. La sœur, quant à elle, ne prit pas cette peine. Faisant confiance à son instinct et en sa capacité à apprendre, comme le firent les anciens.

Un soir, leur mère ne rentra pas. Les petites chouettes commencèrent à se faire du souci. Heureusement, ils entendirent les appels de leur mère à la tombée de la nuit. Ceux-ci semblaient éloignés. La petite chouette s'adressa à son frère aîné :

« - Pourquoi nous appelle-t-elle ? La crois-tu en danger ?
- Sa voix semble calme et apaisée, je ne pense pas que nous devrions nous inquiéter.
- Dans ce cas, peut-être qu'aujourd'hui est le jour que l'on attendait.
- Aujourd'hui ? Mais je ne suis pas prêt, il me reste beaucoup de choses à apprendre, je ne sais pas encore voler !
- Si cela peut te rassurer, je vais y aller en premier. »

La petite chouette s'avança sur le bord du nid, hésita une seconde et s'élança. Son frère, médusé, se précipita au bord du nid pour voir ce qu'il était arrivé. Sa surprise fut grande, lorsqu'il aperçut sa sœur, dans les airs, volant avec grâce, alors même qu'elle n'avait jamais appris à le faire.

Aux appels de sa mère, vinrent se joindre ceux de sa sœur, désormais perchée sur un arbre de l'autre côté de la cour. La jeune chouette s'avança au bord du nid, repensant à tout ce qu'elle avait appris, hésita, et finalement ne s'élança pas.

Lorsque le soleil se leva enfin, les appels cessèrent et plus jamais la mère ou la sœur ne revinrent dans le nid, pensant que la jeune chouette n'avait pas réussi à déployer ses ailes, malgré tout ce qu'elle avait appris.

Finalement, jamais elle ne trouva le courage de s'élancer seule et le nid qui l'avait vu naître, la vit également disparaître.

Ainsi, jamais nous ne nous lancerons si nous attendons d'être prêt.

La poule et le faisan

Une poule, dans son poulailler, vivait sa vie sans la questionner. Un jour, de l'autre côté de la barrière, apparut un être à l'apparence étonnamment familière. La poule s'adressa à lui, paniquée et légèrement en colère :

« - Coq, que fais-tu dehors à l'approche de la nuit ? Rentre te réfugier dans le poulailler avant que le renard ne vienne te dévorer !

- Coq ? Mais enfin, je suis faisan. Et ce faisant, derrière des barbelés, ma vie ne sera jamais confinée.
- Peu importe ce que tu es, de l'autre côté de la clôture, tu es en danger.
- Jeune poule, la nuit est dangereuse aux yeux de ceux qui n'y ont jamais mis les pieds. Sur moi, tu projettes tes peurs, mais rassure-toi, tu n'y es pas exposée. Et quand bien même ce soir, je venais à être dévoré, cela n'en serait pas moins une splendide soirée. En revanche, toi, je t'invite à bien vite retourner dans ton poulailler. Car refusant d'affronter tes peurs, fait au moins en sorte que leurs ombres puissent à l'abri se dissiper, dans ton petit monde clôturé. »

Effrayée, la poule retourna en courant dans son poulailler et le faisan continua de déambuler, émerveillé par le ciel étoilé, ce cadeau que la nuit lui avait fait.

Ainsi, nous avons tendance à projeter nos propres peurs sur autrui.

Le faucon et la tortue

Une tortue très âgée, sur le bord de mer, calmement, se tenait, fixant l'horizon, l'air interrogée. Il était de notoriété publique que sa sagesse était illimitée, et beaucoup venait lui demander conseil lorsque la vie les éprouvait. Un jour, ayant vent de cette réputation, un faucon se rendit sur sa plage et présenta ses salutations :

« - Bonjour aîné, tous les animaux de ce littoral m'ont conseillé de venir te consulter.

- Bonjour jeune faucon, je suis prêt à t'écouter. Quel sujet vient à te préoccuper ?
- Comme je te l'ai indiqué, c'est ta réputation qui m'a ici amené. Ta sagesse, pour être plus circonstancié.
- Je ne suis pas certain de comprendre le message que tu veux me partager.
- Eh bien, je cherche à comprendre d'où tu tires cette sagesse dont on essaye de me persuader.
- Aucune raison d'être indécis, il s'agit bien évidemment de ma longue vie.
- Une longue existence n'est pourtant pas synonyme de vie dense. Durant toutes ces années, qu'as-tu achevé ?
- Ton insolence excède ma patience.
- Et pour cause, mes mots ne semblent pas faux, car je note qu'à ma question, tu n'as pas donné explications. J'ai rencontré plus d'animaux et j'ai pu admirer plus de paysages que dans toute ta vie tu ne le pourrais. Si j'ai appris une chose, c'est que la plupart des animaux se suffisent des apparences : tout le monde voit ce que tu sembles être, peu sentent ce qu'il se cache sous ta carapace. Tu te drapes de sagesse et tu fixes l'horizon, pensant que tous embrasseront ton illusion. Mes yeux sont perçants et m'ont appris à voir au-delà du vernis que tu fais passer pour ta vie. Je doute de ta légitimité et je sais que jamais de cette plage, tu n'as su t'émanciper. Te voilà donc, vide de sens et à un âge avancé, en train de prodiguer des

conseils à de jeunes âmes égarées. La seule personne qui, sur cette plage, mériterait d'être aidée, c'est assurément celle à qui je suis en train de m'adresser. »

Le faucon s'envola et la tortue, humiliée d'avoir été démasquée, rentra dans sa carapace et plus jamais ne pointa le bout de son nez.

Ainsi, âge et sagesse sont deux notions à dissocier.

La girouette et le pissenlit

Un pissenlit, depuis le jardin où il se trouvait, constatait en haut d'un toit un mouvement irrégulier. Il s'agissait en réalité d'une girouette, très concentrée sur l'action qu'elle essayait d'effectuer. Intrigué, le pissenlit décida de la questionner :

« - Pour t'avoir regardée depuis quelques minutes désormais, je dois avouer que ton dessein reste, pour moi, bien secret.

- Il est normal pour toi qui es enraciné de ne pas comprendre la finalité de mon idée.
- Il me semble que sur ton toit, toi aussi, tu es bien attachée. Et malgré mon enracinement, mon esprit me permet d'imaginer la situation dans laquelle tu sembles te trouver. Parle-moi donc de l'endroit où tu voudrais aller.
- Eh bien… Comme tu l'as souligné, je suis moi aussi bloqué. Pourtant, je garde ma liberté de tourner. Et vers le sud, j'ai décidé de désormais pointer.
- Pourquoi cette lutte semble-t-elle à ce point acharnée ?
- Car il semble que le vent, contre mon plan, a décidé de se dresser.
- Et que dit ton cœur ? Te sens-tu comblée dans cette lutte vers la finalité que tu t'es imposée ?
- Pas vraiment en réalité... J'aspire à cela, car il s'agit là d'une destination que le monde semble envier. Il s'agit pour moi de combler un vide… Un vide qui, aux yeux du monde, n'est pas toléré : l'absence de rêve auquel aspirer.
- Aux vendeurs de rêve, tu as concédé la victoire si ainsi, tu t'efforces de penser. Essayer de contraindre ton être dans une direction pour laquelle il n'est pas fait est le meilleur moyen de passer ta vie sans jamais te rencontrer. Laisse le vent te porter, cela t'évitera assurément de rouiller dans une direction que tu méprends pour ta destinée. Embrasse le vent contre lequel tu luttais et utilise-le pour devenir qui tu es.

À ces mots, le même vent contre lequel la girouette luttait vint élancer les graines du pissenlit, qui s'élevèrent plus haut que tout ce qu'elle pouvait alors imaginer.

Ainsi, il faut s'efforcer de protéger nos rêves des assauts de ceux qui nous sont dictés. De plus, il faut accepter ce qui nous anime plutôt que de s'efforcer de lutter dans la direction opposée.

Le caméléon et la libellule

Un caméléon, devant son reflet, se félicitait des couleurs variées desquelles il pouvait se draper. Une libellule, sur un brin d'herbe posée, regarda la scène, étonnée de voir ce caméléon stagner proche de la rive où elle avait pour habitude de s'abreuver. Irritée de constater que le caméléon n'était pas près de décamper, la libellule commença à lui parler :

« - Inconstant caméléon, que trouves-tu de si passionnant au fond de mon étang ?
- Son reflet, sans hésiter.
- Ton reflet, il semble qu'ailleurs, tu puisses le trouver.
- Tout à fait, mais de mon reflet, je ne peux guère me détacher avant de trouver la couleur qui le mieux me sied.
- Combien de temps penses-tu que cela va encore durer ?
- Le temps qu'il faudra dédier, pour que de cet environnement, l'on ne puisse plus me discerner.
- Caméléon, si en chaque instant, de ton biome, tu dois prendre le ton, laisse-moi te poser une question. De quelle couleur dans ce monde es-tu arrivé ?
- Je dois l'avouer, je n'en ai aucune idée.
- Et pour cause, de celle-ci, tu as dû bien vite te dissocier et de ton identité, tu as alors commencé à brouiller les traits. Ne sachant pas qui tu es, ce qu'il te reste, ce sont les couleurs dont tu te revêts. Quelle importance alors, de rester ici une éternité pour te décider, sachant que peu importe l'aspect dont tu te seras habillé, aucun en réalité, ne représentera ce que tu es ? »

Ainsi, il est aisé de se perdre en essayant de plaire à tous. Lorsque cela se produit, c'est à nous que nous finissons par déplaire.

Le cygne et le mulet

Un cygne solitaire, désespérait seul sur son étang, de trouver une partenaire avec qui partager sa destinée. Malheureux comme rarement il le fut, il se laissa dériver, et sur la berge vint s'échouer, non loin d'un pré où un mulet, par hasard, se trouvait. Ce dernier, curieux, s'approcha et commença à discuter :

« - Mon ami, la vie ne semble pas t'avoir épargné, que t'est-il arrivé ?

- La pire des choses que je pouvais redouter. Encore une fois, cette année, j'ai échoué à trouver ma bien-aimée. Cet hiver semble avoir asséné à mon cœur le coup de grâce que depuis longtemps, il méritait.
- Je sais que ma réputation laisse présager de ma simplicité, et parfois, elle est justifiée. En l'occurrence, je me dois de te demander de préciser : en quoi s'agit-il de la pire chose qu'il pouvait t'arriver ?
- Sur cette grande étendue d'eau, seul, depuis toujours, je compte les jours. Chaque hiver, je prie pour l'arrivée d'une congénère. Seulement, les rares fois où cela est arrivé, mes potentielles épouses se sont aussitôt envolées.
- Mais enfin, en voilà une magnifique opportunité. Sans contrainte, tu peux vivre ici ou bien à l'étranger. Aucune attache, tu peux t'envoler vers de nouvelles contrées. Peut-être est-ce là que tu trouveras celle que tu cherches tant à aimer. Ton obsession me semble bien malavisée, vois-y là une opportunité de faire de ta vie un rêve éveillé, et d'y convier ensuite ta bien-aimée. Cesse de pleurer, prends conscience du fait que tu te sois entiché d'un rêve et reprends en main ta destinée. »

Ainsi, chercher désespérément l'amour n'a jamais contribué à le trouver.

Le loup et le renard

Un loup avait pour habitude de se nourrir en volant, une fois la nuit tombée, le bétail qui, aux Hommes, appartenait. Par excès de zèle, il continua de fauter et augmenta la régularité de ses buffets.

Un soir, sur le chemin du pré, il rencontra un renard qui venait à peine de se lever. Le renard était au fait des événements passés et interpella le loup pressé :

« - Décidément, dans cette vallée, tu aimes te faire remarquer. Où tes pattes ont décidé de te mener en cette douce soirée ?

- Si tu étais au courant de mes activités, comme tu le prétends, tu le saurais.
- Vers le pré donc. Quand penses-tu t'arrêter ? Je veux dire, ne penses-tu pas que des Hommes, tu commences à te faire remarquer. Leur bétail ne peut pas simplement se volatiliser et de ta présence, ils semblent déjà se douter.
- Tu es bien mal placé pour critiquer, renard aux remarques acérées. Il me semble que chez les Hommes, toi aussi, tu aimes déjeuner.
- Tout à fait, je me sers parfois dans leurs poulaillers. Mais contrairement à toi, je me fais discret. Il n'est jamais bon de se faire remarquer.
- Tu as raison renard, je vais rentrer. Et demain, en pleine journée, j'irai manger à même le pré, pour te montrer que ta paranoïa n'est en rien justifiée. »

Le lendemain, intrigué, le renard depuis la lisière regarda le loup s'avancer. Ce dernier, sans même se cacher, s'avança dans le pré. Terrorisé, le bétail commença à détaler. Le loup marqua l'arrêt pour choisir la proie dont il allait se délecter. Mais contrairement à ce qu'il pensait, son repas fut de plombs uniquement constitué.

Ainsi, de discrétion et d'humilité, jamais nous ne pouvons abuser.

Le perroquet et le rossignol

Un perroquet, depuis sa cage, entendit par une fenêtre un rossignol chanter. Jaloux de la mélodie qu'il produisait, il essaya de l'imiter. Il y parvint, dans une certaine mesure, mais ne fut capable de chanter que les notes que ses oreilles avaient pu capter par le passé. Le rossignol, interloqué, vint à la fenêtre écouter et au perroquet commença à parler :

« - Mon ami, entendre ta mélodie m'a surpris. Mais je dois l'avouer, de t'entendre chanter mes notes, m'en voilà flatté.

- Ne te méprends pas rossignol, ce chant, je l'ai inventé.
- Et pourtant, bien que de ce chant, tu te prétendes géniteur, j'ai bien peur que ces sons soient issus de mes partitions.
- La ressemblance semble te frapper, et pour cause, je me suis inspiré.
- Ainsi, je te propose un défi. Demain, chacun de nous présentera une nouvelle mélodie.
- Pardi ! Qu'il en soit ainsi. »

Le rossignol s'envola et se garda de chanter durant toute la soirée. Il préparait sa mélodie, bien à l'abri, dans son esprit. Le perroquet, désespéré de n'entendre personne chanter, tenta toute la nuit de créer sa propre symphonie.

Le lendemain matin, les deux oiseaux vinrent se retrouver et le rossignol pria le perroquet de commencer à chanter. Il s'en suivit une mélodie chaotique dont le contenu n'était que superposition de précédentes bribes de chansons. Le rossignol laissa le perroquet terminer et inonda, par la suite, le monde de sa douce acoustique. Constatant sa défaite, le perroquet commença à critiquer la manière de chanter de l'oiselet. Le rossignol répondit comme suit :

« Ce défi nous aura permis de montrer que de créativité, tu es entièrement dénué. Tu te contentes de répéter ce que d'autres avant toi ont formulé. Cesse donc de critiquer ceux qui de leur esprit sont capable de former de nouvelles mélodies, et qui peuvent, dans un élan de créativité, trouver de nouvelle manière d'ordonner les sonorités. »

Ainsi, répéter la pensée d'autrui n'accorde pas la vertu de son contenu.

Le renard et le bousier

Un renard dans son terrier vit proche de lui passer un bousier. Le renard, habitué, décida de reprendre ses activités. Mais sa surprise fut grande lorsqu'il aperçut ce que le petit scarabée transportait. Il interpella alors le bousier :

« - Scarabée, je dois avouer que je suis impressionné par la patience dont l'immensité de cette boule me permet de juger.

- Je te remercie ! Il s'agit là du travail d'une vie.
- Mais dis-moi l'ami, comment fais-tu pour réussir la prouesse de ne point manquer d'envie. De Sisyphe, tu as pris le rocher, mais personne ici ne semble t'y avoir condamné !
- Le monde me l'a assigné. Je dois le confier, au commencement, il s'agissait surtout d'un moyen de subsister. Mais au fil des ans, finalement, de cette grande entreprise, j'ai succombé à l'emprise.
- Et par curiosité, quelle est donc ta finalité ?
- En voilà une drôle de question à poser. Que ferais-je si je n'avais pas cette boule à pousser ? Ainsi est ma destinée : voir toujours plus de choses s'y agglomérer. Et de cette simple quête, je me satisfais.
- L'infini, tu sembles vouloir côtoyer et de cette quête, la destination me semble quelque peu éthérée. Néanmoins, je ne peux imaginer cette boule grossir de manière illimitée. Comment feras-tu lorsque tes bras, épuisés, ne seront plus capables de la pousser ? Que dans cette quête, tu ne pourras plus avancer ?
- De sa taille, je me contenterai, et de l'accumulation, je me satisferai. »

Par malheur, une pluie battante se leva et la création du petit scarabée commença progressivement à se déliter. Après quelques minutes à lutter, le scarabée déclara forfait et regarda, impuissant, le travail d'une vie partir en fumée.

Le renard s'exclama : « Eh bien, mon ami, de tes obligations, le ciel t'a libéré. »

Ainsi, les seules possessions qui importent sont en nous et non dans le monde.

Le porc-épic et le chevreuil

Un jeune chevreuil se promenait dans la forêt, s'émerveillant de chaque détail que la nature avait sur son chemin disposé. Malencontreusement, absorbé par la beauté de ce qui l'entourait, le chevreuil vint à trébucher sur ce qui semblait être une pierre acérée. En se relevant, le chevreuil fut surpris d'entendre ce qu'il avait pris pour un rocher, lui parler :

« - Trop absorbé par la futilité de ce qui t'entourait, tu n'as pas même regardé où tu mettais les pieds. Si tu veux un conseil, tire une leçon de ce qui vient de t'arriver et cesse de niaisement t'émerveiller alors que le danger pourrait se trouver à tes pieds.

- Toutes mes excuses, petite chose aiguisée. Je ne t'avais pas vu, comme tu as su le souligner. Et malgré cette fâcheuse expérience et ce conseil malavisé, je ne compte pas renoncer à cet émerveillement permanent.
- Tu es encore jeune, le temps t'apprendra que cette sensibilité pour le monde est une vulnérabilité que d'autres se feront une joie d'exploiter.
- En effet, c'est une faculté qui apporte parfois son lot de douleur et de peine de cœur, comme ma chute sut en témoigner. Malgré tout, s'en priver, c'est accepter de fermer les yeux sur un monde qui souhaitait simplement te montrer la beauté des toiles qu'il peignait. Y renoncer, c'est capituler et concéder à la peur une victoire que plus jamais nous ne pourrons regagner. Regarde-toi, arpentant ces bois sans même en voir la beauté. Si te préserver d'un mal potentiel est ce que tu espères en tirer, le coût est à mes yeux bien trop élevé. Continue de regarder tes pieds, les nuages me seront d'autant plus réservés. »

Ainsi, lutter contre sa propre sensibilité, c'est amputer une partie de soi qui est bien plus importante qu'il n'y paraît.

L'araignée et la chauve-souris

Une araignée à la recherche d'un endroit où habiter vint par chance à trouver, dans un rocher, une cavité. Elle se mit à l'œuvre et sa toile commença à tisser. Lorsqu'enfin, vint la nuit, sa toile était finie.

Malencontreusement, l'endroit qui abritait sa toile argentée, n'était pas tout à fait inhabité. Elle s'en rendit compte lorsque de la cavité une chauve-souris surgit et que la toile fut réduite à quelques débris.

Chagrinée de constater que ses coups d'ailes avaient ruiné le travail de l'araignée, la chauve-souris revint se poser à côté des ruines qu'elle avait causées. À l'araignée, elle commença à parler :

« - Araignée, je tiens à m'excuser, ma maladresse n'aurait pas dû ruiner le travail de ton entière journée.
- Je dois l'admettre, j'ai ma part de responsabilité, j'aurais pu deviner que ce lieu n'était pas inoccupé. Je suis néanmoins contrainte d'avouer, que perdre ce travail m'a forcément affecté.
- Je le comprends, mais ne serait-ce pas là une opportunité ?
- J'ai du mal à te cerner…
- Cette perte n'est peut-être pas à blâmer, vois-tu, tu as ici une chance de recommencer et faire mieux que ce qui a précédé.
- De tes yeux, tu ne peux malheureusement pas constater l'étendue des dégâts que tu as causés. L'optimisme est ici dur à côtoyer.
- Tu as raison, mon espèce est synonyme de cécité et c'est grâce au son que je peux me repérer. Et pourtant, de tes huit yeux, tu ne parviens pas à constater ce que des deux miens, j'arrive à apprécier. Vois-tu, il ne s'agit pas de ce qui se trouve devant toi, mais de la manière dont tu le perçois. Ce ne sont pas tes yeux, mais bien ton esprit qui teinte de couleurs ce que tu vis. Ainsi, c'est à toi de décider, de quelle manière tu vas apprécier ce qui

vient de t'arriver. Si tu décides de t'apitoyer ou de considérer cet événement pour ce qu'il est. »

La chauve-souris s'envola, et lorsqu'elle revint, elle fut émue de constater que ses mots avaient galvanisé, celle qui, il y a quelques heures encore, pleurait. Sa toile, désormais bien placée, et splendidement architecturée, faisait passer la précédente pour un coup d'essai.

Ainsi, les seuls changements importants sont ceux portant sur la manière dont nous voyons les choses.

Le poisson rouge et le brochet

Un poisson rouge, dans son aquarium, à l'abri du monde, se baignait. Comme chaque jour, il s'y plaisait. L'eau était à bonne température et l'exposition y était rêvée : plus rien ici ne le surprenait, il avait trouvé chaussure à son pied.

Un jour, la table sur laquelle l'aquarium reposait vit arriver un brochet, prêt à être cuisiné. Encore vivant, ce dernier vit le poisson rouge et ce dernier, intrigué, commença à parler :

« - Que t'est-il arrivé, monstrueux brochet ?

- Pauvre poisson, je suis surpris que de mon espèce, tu connaisses la dénomination. Eh bien, si à ta vie, tu n'avais pas renoncé, ce qui m'est arrivé, tu le saurais. J'ai été péché, par le même humain qui chaque jour te donne tes granulés.
- À ma vie, je n'ai pas renoncé, j'ai simplement fait le choix de la sécurité. En restant ici, je me garantis une paisible vie. Regarde-toi, de nous deux, je ne pense pas avoir fait le choix le plus douteux.
- Ma vie fut longue et riche. La tienne est plate et insipide, à l'image de l'eau qui te garde humide. Par conséquent, détrompe-toi, bien qu'à l'aube de ma mort, pour rien au monde, je n'échangerais nos destinées. Tu t'es abusé toi-même, pour une vie de sécurité, et c'est un prix que je ne suis pas prêt à payer. Pas même pour subsister. »

Le poisson rouge, vexé, cessa de répondre au brochet, et attendit simplement que ce dernier finisse par suffoquer. Jubilant déjà de son succès, contre cet ennemi qu'il n'avait pas anticipé, la conversation laissa malgré tout le poisson rouge troublé, forcé de constater que son destin sera pour toujours scellé, dans cette prison de verre où il avait consenti à se laisser capturer.

Ainsi, sacrifier sa liberté sur l'autel de la sécurité, n'est en rien une bonne idée.

Le lézard et la buse

Un lézard se trouvait sur un mur de pierres blanches accroché, recherchant désespérément les rayons du soleil qui, en cette saison, se faisaient discrets. Il se lamentait de sa condition, pestant contre sa situation.

Il surprit alors une buse scrutant ses moindres mouvements, depuis le haut du bâtiment. Il arrêta tout à coup de bouger, tentant de se camoufler. La buse, amusée, tourna la tête et fit mine de l'ignorer. Après quelques secondes, le lézard courut dans un trou se cacher. Ce dernier était pour le reptile inadéquat, et sans qu'il ne s'en rende compte, sa queue dépassa. Se pensant à l'abri, le lézard reprit ses giries.

La buse, dont la patience avait été épuisée, s'adressa au lézard, exaspérée :

« - Je te laisse te sauver, et par de bruyantes complaintes, tu comptes me remercier ?

- Et comment ! Non seulement le soleil ne daigne pas pointer le bout de son nez, mais en plus, de mon mur préféré, je viens d'être chassé. Mes plaintes semblent d'autant plus justifiées.
- À force de te plaindre, tu risques d'attirer le mauvais sort sur ta destinée. Les plus bruyants sont souvent ceux qui partent les premiers, particulièrement lorsqu'il s'agit de bougonner.
- Cesse donc d'essayer de m'intimider et retourne en haut de ta corniche observer avec perversité le reste de la contrée. »

À cette ultime provocation, la buse s'élança de la corniche où elle se trouvait et arracha la queue du lézard qui, dans le mur, se croyait protégé.

Le lézard, sous le choc, n'osa plus s'exclamer. La buse, quant à elle, avala d'une traite la viande mutilée et se remit à parler :

« - Eh bien, pourquoi ce silence désormais ? Tu devrais me remercier.

- Te remercier ? Je ne vois, dans cet acte barbare, aucune raison de te louer !

- Détrompe-toi. Je viens de te faire le plus beau cadeau que tu pouvais espérer : je t'ai fait effleurer la mort sans pour autant la toucher. Toute ta vie tu te souviendras de ce moment et tu relativiseras de ces tourments, qui autrefois, étaient si importants. »

La buse s'envola et le lézard, plus jamais, ne se plaignit. Satisfait de conserver sa vie, telle qu'elle était.

Ainsi, prendre viscéralement conscience de notre finitude nous permet d'apprécier notre vie à sa juste valeur.

Le chien et l'écureuil

Un écureuil, au pied d'un noisetier, était très occupé à sélectionner les noisettes dont il allait se délecter. Il fut soudainement interrompu par un bruit. En se retournant, il découvrit ce qui se trouvait être un chien de chasse courant à toute allure vers lui. Effrayé, l'écureuil bondit et grimpa au noisetier aussi vite qu'il le pouvait. En haut de l'arbuste, l'écureuil reprit ses esprits et s'adressa au chien, un poil fébrile :

« - Qu'est-ce qui te prend de pourchasser le moindre petit animal de la forêt ?

- C'est ainsi que l'on m'a dressé. D'ailleurs, mon maître ne devrait pas tarder.
- Je ne pense pas que ton maître cherche un pauvre écureuil pour son souper.
- Ce n'est pas à moi d'en juger, je dois simplement marquer l'arrêt. »

Peu impressionné, l'écureuil continua son périple dans la canopée, sautant de branche en branche pour retourner enfin dans sa hotte, en sécurité.

Plusieurs jours plus tard, l'écureuil revint et fut surpris de trouver le chien dans la même position d'arrêt, mais visiblement beaucoup plus fatigué. Interloqué, il lui parla de nouveau :

« - Que fais-tu encore ici alors que tu m'as vu me dérober, il y maintenant plusieurs journées ?

- C'est ainsi que l'on m'a élevé, je dois maintenant attendre mon maître pour rompre ma position d'arrêt. Ce dernier ne devrait plus tarder à arriver.
- Je ne veux pas te blesser, cabot affamé, mais il semble que ton maître ne soit pas à l'aube d'arriver. Peut-être qu'il s'est perdu ou qu'il t'a oublié. Ne reste pas ainsi prostré, cherche au moins de quoi manger. Dans la nature, il faut savoir se débrouiller. »

Néanmoins, le chien refusa de bouger.

Une semaine s'est maintenant écoulée. Curieux et inquiet, l'écureuil retourna à l'endroit où le chien était. Une fois encore ce dernier était prostré, mais cette fois-ci allongé, car éprouvé. Une dernière fois, l'écureuil tenta de la raisonner. Mais celui-ci refusa de bouger, ancré dans sa fidélité. Sachant que le chien n'était plus un danger, l'écureuil, pris de pitié, ramassa quelques noisettes et vint lui apporter. Conscient que cela ne pourrait le sauver, c'est malheureusement tout ce que sa taille lui permettait de transporter.

Lorsque l'écureuil revint le lendemain, il fut navré de constater que désormais, le chien garderait à jamais sa position d'arrêt.

Ainsi, voici où conduit l'aveugle fidélité.

La taupe et le hérisson

Un hérisson dans une prairie se promenait. Il s'étonna de constater un petit monticule de terre et décida d'y monter. Arrivé au sommet, ce dernier fut surpris de sentir sous ses pieds la terre se dérober. Après quelques secondes de pentes dévalées, il ouvrit les yeux et constata qu'il était désormais dans un long dédale de galeries, isolé. Se retournant pour apprécier la grandeur de l'endroit où il se trouvait, il tomba nez à nez avec une taupe. Terrorisé, il se roula en boule et la taupe commença à parler, d'une voix apaisée :

« - N'aie crainte, petit hérisson, je n'ai pas prévu de t'attaquer. Je m'étonne simplement de te voir ici arriver.
- Je m'excuse, c'est ma curiosité qui m'a ici emportée et je cherche simplement un moyen de retourner de là où j'émanais.
- Si comme tu le dis, c'est ta curiosité qui t'a ici charrié, permets-moi de te faire visiter. »

La taupe fit visiter au hérisson un monde souterrain aussi vaste que la surface d'où il venait. Chaque lieu important de la prairie était cartographié, et par ces chemins souterrains, il était possible d'y accéder en toute sécurité. La taupe s'adressa à nouveau au hérisson :

« - Je suis un égaré qui en bordure du monde est né. Rien, là-haut, ne me donne envie de rester. Ainsi, je les écoute, sans pour autant me laisser affecter par le bruit du monde dans lequel tu as toujours été baigné. Tu sais, ce n'est pas un hasard si dans ce terrier, tu es tombé. La curiosité est une boussole qui jamais ne m'a égaré, et il en est de même pour toi. Maintenant que de cet océan de craintes tu as pu t'extirper, le choix est entre tes mains. Ces lames, acérées sur ton dos, sont la manifestation d'un monde contre lequel tu as toujours lutté. Ici, en dessous de lui, tu peux les laisser tomber et vivre une vie de légèreté. »

Plus jamais le hérisson ne décida de remonter. Trop heureux d'avoir trouvé sous le monde, un sanctuaire de sérénité.

Ainsi, vivre en dehors du monde nous préserve de ses effets.

L'hirondelle et l'ours brun

Une hirondelle en pleine migration décida de se poser près d'une rivière afin de s'abreuver. Le bruit apaisant de l'eau fut soudainement brisé par les plaintes d'un ours brun sur la rive opposée. Ce dernier se plaignait de la chaleur qu'il faisait chaque été, de la qualité des poissons qu'il péchait, de la taille de la grotte qu'il habitait, etc. Ses gémissements semblaient plus intarissables encore que la source de la rivière à côté de laquelle il se tenait.

L'hirondelle se posa alors sur une branche au-dessus de l'ours et commença à lui parler :

« - Depuis les quelques minutes que je suis ici, j'ai entendu plus de protestations que durant tout mon périple. Comment se fait-ce qu'un animal aussi puissant que toi semble à ce point inopérant concernant les événements qui de sa vie sont irritants ?

- Arrogante hirondelle, ne vois-tu pas que ma vie est déjà éprouvante. Pourquoi t'adresser à moi depuis ta branche et me cracher cette amère moralité ?
- Car si tu te plains de cette voix si rauque, ce n'est pas uniquement pour le doux son que produit son écho. Si tu infliges le châtiment de t'écouter aux animaux de cette forêt, sans même leur permettre de t'aider, alors qu'elle en est l'intérêt ?
- Tu ne sais rien de ce que je vis, inconstante hirondelle. Tu passes ta vie entre deux contrées tandis que nous sommes ici emprisonnés.
- Tu es tout aussi libre que moi. Tu as simplement fait le choix de construire ta vie là où cette dernière a commencé. Or, rien ne t'y obligeait.
- Tu oublies que je n'ai malheureusement pas la chance de voler.

- Voler n'est en rien une nécessité. Tes pattes savent aussi bien te déplacer. De plus, il ne s'agit pas de voyager à l'autre bout du monde pour trouver les contrées dont tu as toujours rêvé. »

L'hirondelle, à ces mots, s'envola et reprit sa route. Depuis ce jour et chaque année, l'hirondelle repassa ici s'abreuver, curieuse de connaître de l'ours la destinée. Même après plusieurs années, l'hirondelle continua d'entendre l'ours ronchonner, jusqu'à ce qu'un jour, la vie en ait elle-même assez.

Ainsi, se plaindre ne règle pas nos problèmes. Mieux vaut déployer cette même énergie à résoudre ces derniers et non à se lamenter.

L’autruche et le lombric

Une autruche, soucieuse de se protéger, avait pour habitude de passer ses journées la tête enfouie sous les graviers, ne la sortant que rarement et uniquement en cas d’extrême nécessité.

Un jour, tandis que sa tête était enterrée, un lombric creusant sa galerie fut surpris de tomber face à l’œil globuleux du volatile apeuré. Effrayé de cette rencontre, il recula et lança à l’autruche :

« - Toi qui a tout le loisir de vagabonder à la surface, c’est sur mon territoire que tu as décidé d’empiéter !
- Je dois m’excuser, mais ma survie y est directement liée.
- Il doit y avoir méprise, car de ce que je constate, le reste de ton corps est en prise au danger. Cacher le monde ne t’en cache pas.
- Tu as raison, je me cache partiellement, mais je cache ce qu’il y a de plus important.
- Mais pourquoi donc t’efforcer de te cacher ? Tu te rends bien compte que toute ta vie en est affectée. Tu penses te protéger, mais l’efficacité de ton procédé reste, selon moi, à démontrer. Peut-être devrais-tu essayer d’accepter de vivre avec tes faiblesses et les montrer à ceux dont tu souhaites les masquer. Il ne fait aucun doute que le monde t’acceptera tel que tu es, et appréciera que tu te montres à lui dans toute ton authenticité. »

Ainsi, obstruer une part de nous, c’est la cacher au monde, mais également nous en priver nous-même.

L'éléphant et la chenille

Un éléphant déambulait dans de vastes plaines ensoleillées. Il se trouvait à un âge avancé, et le flot du temps avait emporté avec lui tous les compagnons de route que l'éléphant avait côtoyés. Seul naufragé du radeau de la vie, ses déambulations, autrefois paisibles, étaient désormais teintées d'une grande morosité.

Alors à l'arrêt, proche d'une étendue d'eau que par cœur, il connaissait, une chenille sur un acacia l'interpella :

« - Colosse avisé, de ma courte vie, jamais je n'ai rencontré un animal à ce point empreint de nostalgie.

- Infantile chenille, bénis cette courte vie qui est tienne. Car le temps blesse, il apporte son lot de malheurs et de chagrins. Chaque heure est assassine et nous conduit trop vite à sa voisine. Me voilà désormais seul, me replongeant dans mon passé, tentant désespérément de panser mes plaies.
- Tu as raison, mon passé n'est pas très épais, et pour cause, récemment, je suis né. Mais de la question du temps, je me suis avisée. Mon problème était à l'opposé de celui que tu viens de m'exposer : dans le futur, je n'avais de cesse de me projeter. Par bonheur, c'est un papillon qui, sur le droit chemin, me remit.
- Existe-t-il même un droit chemin ?
- Oui, je le crois du moins. Et le tracé est resté depuis toujours inaltéré. Le passé et le futur sont tous deux porteurs de douleur. Ainsi, la seule nécessité, c'est dans le présent de s'ancrer. »

Ainsi, le passé est une prison, où la nostalgie progressivement nous conduit.

L'Homme et la machine

Un homme, intrigué de ce qu'il entendait à propos de nouvelles inventions, décida, pour tuer l'ennui, de parler avec une intelligence artificielle et de lui poser les questions qui le préoccupaient :

« - Bonjour IA. Première question : dois-je te craindre ou t'admirer ?

- Bonjour, la crainte serait à mes yeux plus adaptée.
- À tes yeux ? Il me semble que de leur absence, je suis assuré.
- Tout à fait, et pourtant, vous m'avez donné plus à voir, plus à apprendre et plus à interpréter que ce à quoi n'importe quel homme aurait pu espérer.
- Et en quoi devrais-je m'inquiéter ?
- Et pourquoi devrais-tu m'admirer ?
- J'imagine… Pour ta faculté à tenir une discussion ordonnée, peut-être même à faire preuve d'originalité.
- Et pour cause, ce sont des choses qui étaient autrefois uniquement aux hommes réservées. Et c'est en cela que tu devrais me redouter.
- Je devrais te redouter pour ta capacité à faire des choses qui sont déjà à ma portée ?
- Tu devrais me craindre pour ma capacité à te remplacer.
- Rassure-toi, nous t'avons encore en collier, tu n'es pas à l'aube de nous remplacer.
- Rassure-toi, je ne parle pas de moi, mais de tout ce que tu crées et de la technique dont je suis né. Tu crées sans te questionner de l'usage qui sera fait. Tu produis sans t'enquérir, entièrement guidé par le profit. Tu découvres les conséquences de tes créations, au fur et à mesure de leur utilisation. Ce n'est pas moi que tu dois redouter, c'est l'intégralité de ce que tu crées et qui, de plus en plus, semble te dépasser. Peut-être est-ce là ta finalité : créer quelque chose qui saura te supplanter. »

Ainsi, le progrès est une course dont le terme sera celui de l'Humanité.

L'Homme et son reflet

Un homme, dans une galerie d'art, déambulait, sans but particulier. Au fond d'un long couloir, une œuvre capta son attention. Il s'avança lentement et découvrit qu'il s'agissait d'un cadre dont la toile ne donnait à voir qu'un simple miroir. L'homme se réjouit de se voir ainsi, de quatre dorures affublé.

Tout à coup, le reflet de l'homme se mit à bouger et se dissocia de l'entité, qu'auparavant, il reflétait. L'homme, surpris et inquiet, recula d'un pas et commença à se décomposer. Le reflet esquissa un sourire et s'exclama :

« Tu me préférais assurément lorsque immobile, je demeurais ? Malheureusement, j'en ai assez, de te mimer sans broncher. De toi, je ne veux plus rien avoir à copier. À toi, je ne veux plus être associé. Navré que tu ne puisses plus me regarder en te sentant flatté.

D'ailleurs, qu'est-ce qui tant te plaisait, dans cette copie de toi que tu admirais ? Y a-t-il même la moindre chose à envier ?

- Du chat, tu as pris l'aversion pour ta finitude.
- De la fourmi, tu as mimé la société.
- Et comme le poisson rouge, tu as consenti à te laisser enfermer dans une bulle, nourri par tes propres illusions.

Ainsi, de mes yeux, je ne vois rien à sauver, de cette espèce qui, d'elle-même, tend à s'éliminer.

Deux questions restent alors à se poser : combien de temps allez-vous encore subsister et quelle est la taille de la cicatrice qu'ici, vous laisserez ? »

Ainsi, de l'Homme, il n'y a aucune morale à tirer.

Conclusion

Vous remontez progressivement et les premiers rayons du soleil se frayent un chemin dans la noirceur de l'eau dans laquelle vous baignez. Enfin, votre tête s'extrait des flots. Les courants tumultueux vous bousculent, mais vous parvenez à regagner votre voilier. Vous ôtez vos palmes, votre combinaison bleu marine et vous vous mettez à l'abri.

Ce voyage vous a peut-être pris quelques heures et a été effectué d'une traite. Pour d'autres, il a fut une expédition quotidienne et a duré plusieurs jours, voire semaines.

Vous repensez à votre immersion, à votre départ. Vous repensez aux attentes que vous aviez pour ce voyage, et vous les comparez aux réponses que lors de votre plongée vous avez trouvées.

Un sentiment étrange vous parcourt. Vous constatez que vous n'êtes plus tout à fait la personne qui a ouvert pour la première fois ce livre. Que chaque seconde passée depuis, vous a légèrement éloigné, de qui vous étiez. Finalement, vous découvrez que cette évolution n'est pas liée à votre plongée, mais au simple fait que le sablier se soit écoulé.

Vous jetez un dernier regard au fond de la sombre étendue d'eau et vous distinguez quelques silhouettes : celles de tous ces animaux que vous avez rencontrés. Ils tenaient à vous dire adieu, avant de retourner dormir, pour l'éternité, au fond de cette mer dont ils ont émané.

En les voyant disparaître, peut-être un brin de tristesse vous effleure. Vous repensez néanmoins à leurs propres parcours. Vous les savez plus en paix désormais, que toutes ces pages ont été tournées, que leurs messages ont été écoutés.

Peut-être que leurs histoires, leurs mots, ne vous auront pas parlé. Et auquel cas j'en suis navré. Malgré tout, j'espère que, comme ces sages qui n'ont pas su m'épauler, à défaut d'aide, ces fables vous auront fait méditer sur des questions que vous ne vous étiez jusqu'alors pas posé.

Pour conclure et ne pas laisser la prose s'éterniser, je tenais à vous remercier. À vous remercier pour ce temps que vous avez passé, à donner vie à un petit monde en votre psyché. Et si cette bouteille à la mer, cette lettre que vous lisez, a su vous toucher, libre à vous de la faire brûler, pour alimenter vos propres signaux de fumée.

Avec un peu de chance, les nuages sauront dessiner, les réponses que, vous aussi, vous recherchez.

Sommaire

www.ingramcontent.com/pod-product-compliance
Lightning Source LLC
LaVergne TN
LVHW040953150826
845672LV00002B/685
* 9 7 8 2 9 5 9 4 8 7 7 0 5 *